POUR NOTRE DÉFENSE ÉCONOMIQUE

Des EFFETS de la GUERRE

SUR LES

Contrats avec l'Ennemi

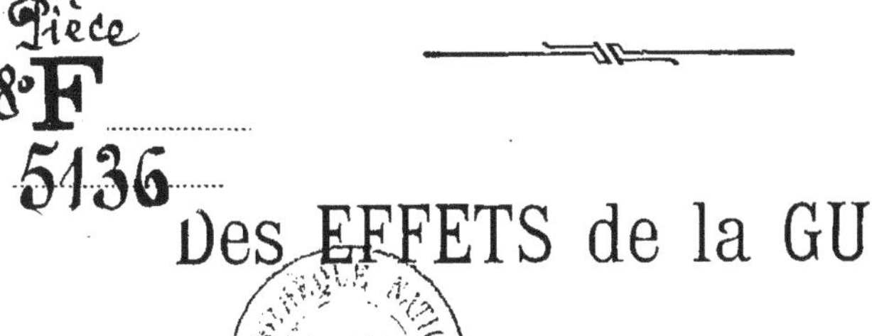

D'APRÈS

la CONVENTION IV de LA HAYE de 1907

par

M. E. BENOIT DU REY

Docteur en droit

CAEN

IMPRIMERIE-RELIURE E. DOMIN

10, rue de la Monnaie

1916

Des EFFETS de la GUERRE

SUR LES

Contrats avec l'Ennemi

D'APRÈS

la CONVENTION IV de LA HAYE de 1907

par

M. E. BENOIT DU REY

Docteur en droit

CAEN

IMPRIMERIE-RELIURE E. DOMIN

10, rue de la Monnaie

1916

Des EFFETS de la GUERRE

SUR LES

Contrats avec l'Ennemi

D'APRÈS LA

CONVENTION IV de LA HAYE de 1907

I. — La Guerre et les Contrats. Principes généraux

La guerre a sur les contrats un effet certain : quel est-il ?
Telle est la question.

Les Français ont conclu pendant la paix des contrats avec
d'autres Français et avec des étrangers.

§ I

En   so d la guerre, le Gouvernement a pris des mesures
d'ordre général ; moratorium des dépôts, des créances, des
loyers ; prorogation des délais ; réquisitions, etc... Ces mesures,
nées des circonstances et imposées par la guerre, ont en fait
modifié, on peut le dire, la généralité des contrats entre
Français. Il s'est donc créé un droit nouveau transitoire que
l'on peut appeler, bien que ces mots jurent ensemble : un
droit de guerre.

Les contrats en général en ont été profondément touchés : il suffit de voir combien il a été difficile de liquider les positions en Bourse, combien la question des loyers est délicate à régler, combien la jurisprudence civile est stricte pour le cas de force majeure, combien la jurisprudence administrative au contraire tend à interpréter largement la notion de la force majeure.

Actuellement, le législateur discute la question des loyers et recherche la formule à substituer aux libres conventions des parties.

Un projet de loi de M. Failliot, résultant des études faites par la Fédération des Industriels et Commerçants français, demande au Parlement de donner aux juges un moyen de reviser, ou de résilier les contrats, c'est-à-dire d'intervenir encore dans les libres conventions des parties.

Le but recherché par ces lois est d'éviter des situations désastreuses pour le débiteur et pour le créancier. Qu'est-ce à dire sinon que la guerre a eu sur les contrats un effet certain puisqu'ils ne peuvent plus s'exécuter comme les parties l'avaient convenu, et que le législateur et le juge doivent intervenir ?

La vieille jurisprudence ne considérait la guerre comme un cas de force majeure résiliant les conventions que lorsque leur exécution était devenue impossible par suite de la guerre.

Cette jurisprudence de 1871 est encore celle de 1914. Les Tribunaux l'ont gardée intacte ! trop à notre avis, car la guerre actuelle est sans précédent dans l'histoire du monde et il semblerait que les faits auraient dû amener la Juridiction civile à une interprétation un peu moins stricte du cas de force majeure. Mais le principe qui domine, c'est que la loi des parties doit demeurer intacte quant à ses effets, *tant que l'impossibilité absolue d'exécuter n'est pas démontrée.*

Le projet de loi Failliot a pour but de remédier à la dureté de l'application de ce principe, en tenant compte du fait de la guerre et de la situation spéciale qu'il a créée pour l'une des parties.

En résumé, on peut donc poser en principe ceci :

La guerre a créé une situation anormale, les contrats entre Français en sont affectés, et le législateur et le juge doivent intervenir.

§ II

Il existe d'autres contrats que la guerre a touchés : ce sont les contrats entre Français et étrangers ennemis. L'état de guerre a arrêté leur cours et le Gouvernement français, prohibe sous des peines graves, leur exécution (décret du 27 septembre 1914 ; Loi du 4 Avril 1915).

Le législateur français a donc interdit le commerce avec l'ennemi et l'exécution des obligations pécuniaires pouvant lui procurer des ressources.

Or le législateur allemand a donc agi de même.

En résumé le contrat passé avec l'ennemi est impossible à exécuter et ce par le fait de la guerre qui a créé le cas de force majeure absolu, et par le fait du gouvernement qui a confirmé et sanctionné ce cas de force majeure.

Quelle est donc la répercussion légale de la guerre sur ces contrats ?

La réponse est simple : en faisant l'application du principe posé par la jurisprudence française, nous dirons : en raison de l'impossibilité et de la défense de commercer, la guerre résilie le contrat passé avec l'ennemi ; son exécution étant devenue impossible par suite de la guerre.

On trouve ici le cas type de force majeure : et si l'on examine la question de près, on se rend compte que cette résiliation est ce qu'il y a de plus logique et de plus en rapport avec l'intérêt des parties. On ne voit pas bien en effet après la paix, alors que les prix ont haussé dans la proportion que chacun connaît, un commerçant Français ou Allemand réclamant à son co-contractant l'exécution d'un marché, au prix d'avant la guerre !

Selon que l'on gagnerait ou que l'on perdrait à l'exécution, on soutiendrait la validité ou la résiliation du contrat. Or il est bien évident qu'il doit y avoir une règle unique, et cette règle la raison même l'impose : c'est la résiliation de tous marchés passés avant la guerre avec arrêt des comptes aux dates de déclaration de guerre. A cette date, il existe un crédit ou un débit. A la signature de la paix, les parties régleront leur compte.

Nous disons que la raison impose cette solution, en effet on ne voit pas un commerçant allemand réclamant l'exécution d'un marché à un négociant du Nord et de l'Est auquel les troupes allemandes auront, en dépit du principe de l'inviolabilité de la propriété privée, pris ses matières premières, ses machines et démoli ses usines. La logique veut que ce contrat là soit résilié, comme l'équité veut que le dommage soit réparé.

§ III

Cette conséquence logique et raisonnable de la résiliation des marchés passés avec un ennemi avant la guerre, est-elle en contradiction avec la loi française ?

Elle en est la stricte application.

Le marché ou la convention passé entre un Français et un étranger est régi par une double loi : d'abord la loi des parties suivant le principe posé par l'article 1134 du Code Civil ; ensuite, à défaut de stipulations formelles, la substance et la portée des obligations seront régies par la loi à laquelle les parties contractantes se seront référées d'une manière expresse ou implicite.

Quand les parties ont une nationalité différente, on applique pour régler leur convention la loi du pays où cette dernière a été conclue : la *lex loci contractus :* car on présume que les parties ont accepté virtuellement la loi du pays où elles ont contracté. Il faut donc considérer d'abord ce que les parties ont voulu en contractant ; et si l'exécution du contrat est impossible, régler le sort du contrat. Le contrat lui-même a pu le prévoir : s'il ne l'a pas prévu on se réfère à la *lex loci contractus,* en un mot on applique les principes du droit privé du pays où on a contracté.

Si le contrat a été conclu en France, on applique le code Civil.

Les manuels du Droit international privé nous apprennent que les contrats passés en France entre un Français et un étranger régis par la loi française, s'éteignent d'après les principes du Code Civil. Principalement l'*extinction pour perte de la chose due* art. 1302 ne peut donner naissance à aucun conflit de loi, car elle n'est que l'application de cette maxime de bon sens : à l'impossible, nul n'est tenu.

En résumé, si la chose qui faisait l'objet du contrat est devenue impossible à faire, on peut considérer l'obligation éteinte, tacitement par la volonté des parties, et expressément par l'application des principes généraux du droit en matière d'obligation.

Appliquons à une espèce ces principes de droit international privé.

Une Compagnie ou Société française d'assurances a signé en France avec un assureur allemand un traité de réassurance. Ce traité stipule qu'en cas de difficultés, des arbitres seront nommés par les parties ou à défaut d'entente, par le président du Tribunal de commerce de la Seine : si l'arbitrage ne peut avoir lieu, les parties s'en rapportent pour tout litige à la décision des *tribunaux français.*

C'est donc à la loi française qu'on se réfère, c'est elle qu'il faut appliquer. La guerre survenue le 4 août 1914 a arrêté la correspondance. Le décret du 27 septembre 1914 a interdit tout commerce avec l'ennemi et l'exécution de toute obligation pécuniaire à son profit. Nous pensons que l'impossibilité d'exécuter un traité qui prévoit toute une série d'obligations successives, jointe à l'interdiction légale de l'exécuter, ont *résilié ipso facto* ledit traité à la date de la naissance de l'impossibilité, qui est le jour de la guerre. Il ne restera plus que des comptes à faire à la paix.

Cette solution paraît conforme à la volonté des parties : en effet, l'une a entendu s'assurer au fur et à mesure de ses besoins ; l'autre a accepté de donner cette garantie. Or, l'un ne peut plus demander cette garantie, l'autre ne peut plus la donner, et cela du fait de la guerre : le contrat manque donc d'objet et de cause, il disparaît.

S'il ne disparait pas automatiquement, nous pensons qu'on pourrait le considérer comme résolu par force majeure ; l'impossibilité d'exécuter étant créée par la loi, s'imposerait à la jurisprudence.

Cette solution conforme au droit international privé se heurte à une théorie basée sur le droit international public, dont l'application paraît bien insolite dans une question qui n'est pas de son ressort.

Suivant cette théorie, que nous avons critiquée dans notre brochure « des Effets de la Guerre sur le Contrat de Réassurance » les contrats passés avec un ennemi avant la déclaration de guerre demeurent *valables* malgré l'impossibilité matérielle et légale d'en opérer l'exécution : bien plus l'exécution des obligations successives *est licite* malgré l'état de guerre et l'interdiction de commercer.

Une autre doctrine moins absolue, mais identique au fond, soutient que le traité est suspendu pour les affaires nouvelles, mais demeure entier pour les affaires anciennes.

Nous allons exposer ici la nouvelle théorie de droit international public qui leur sert de fondement, c'est à dire l'interprétation donnée par l'Allemagne à l'alinéa H. (art. 23) inséré dans la convention de la Haye du 18 Octobre 1907 concernant les lois et coutumes de la guerre sur terre.

II. — L'article 23 alinéa H
de la Convention IV de la Haye de 1907

§ I

La vieille théorie de droit international public déclarait autrefois que la guerre annulait tous les traités avec l'ennemi.

Le développement de la civilisation moderne montra que cette règle était trop absolue et des tempéraments y furent apportées. Les Etats conclurent en temps de paix des traités visant les uns les relations pacifiques, les autres les hostilités. Bien entendu, ces derniers traités sont maintenus en temps de guerre, puisque faits pour régir les hostilités et que c'est avec elles qu'ils prennent leur valeur intégrale. Quant aux traités ayant en vue les relations du temps de paix, les uns demeurent, les autres s'éteignent. Le criterium appliqué est le suivant : les traités politiques sont annulés, mais les traités ayant rapport au droit privé des nationaux des pays belligérants sont maintenus (succession, tutelle, propriété littéraire). Enfin la guerre créée l'interdiction de commercer avec l'ennemi et de ce fait, éteint nombre de contrats et d'obligations.

Ces règles très sages n'ont plus paru à certains jurisconsultes en rapport avec le degré de civilisation actuelle et avec les nécessités du commerce moderne sur qui la guerre ne doit plus avoir d'influence. (Voir le congrès de Christiana de 1912 qui a déclaré qu'en principe tous les traités demeuraient valables, sauf exception. Revue de Droit Int. Public 1913, p. 372).

Depuis la convention de Genève, l'institution du Tribunal arbitral de la Haye, les congrès internationaux, un droit nouveau a surgi et suscité une floraison de textes qui tous réglementent la guerre, la rendent plus humaine, plus respectueuse des droits des personnes et presque impossible, en vertu de ce principe idéal : la guerre n'existe plus qu'entre les Etats et non entre les personnes !

Ce principe nouveau qui distingue l'Etat des particuliers, qu'il nous soit permis de le dire en passant et sans ironie, s'il peut et doit être accueilli dans le droit privé et public interne d'un pays, est bien subtil lorsqu'il faut aller se battre. A ce moment-là, la distinction entre l'Etat et les citoyens disparaît, car ce sont les citoyens qui se battent pour l'Etat et non l'Etat pour les citoyens. S'il est un instant au contraire où la fiction de l'Etat se confond avec le citoyen, c'est bien au moment de la guerre : or c'est le moment où en droit international public nouveau on les différencie le plus : cette division de l'Etat et du citoyen à notre sens est une cause d'erreur qui a réagi sur toutes les doctrines qui furent émises, et l'expérience de la guerre actuelle n'est point pour renforcer cette subtilité.

En vertu de ce principe, on était donc amené logiquement à localiser les effets de la guerre dans un compartiment très étroit ; et une guerre qui aurait pu échapper à tous les arbitrages prévus, aurait eu toutes les chances, si les textes étaient respectés, de devenir presque humaine. La guerre n'était plus, ne devait plus être la guerre.

Entraînés sur cette pente, des esprits généreux se mirent donc au travail avec ardeur, et l'Allemagne aussi.

Après une série de conventions internationales de toute nature, notamment un règlement concernant les lois et coutumes de la guerre sur terre en 1899, puis sur mer, etc... on chercha les moyens de diminuer « les moyens de nuire à l'ennemi ».

Nous allons exposer ce qui s'est passé à la deuxième réunion du Congrès de la Haye en 1907 d'après les textes suivants :

1º Note de M. T. E. Holland, délégué anglais (voir Revue de Droit international et de législation comparée ; 2ᵉ série, volume 14-1912, p. 91 et suiv.)

2º L'interprétation de l'article 23 " h " du règlement concernant les lois et coutumes de la guerre sur terre, par le Dr. Hans Wehberg, référendaire à la Cour d'Appel de Dusseldorf (Revue du Droit international et de législation comparée, 2ᵉ série 15-1913, page 197 et suiv.).

3° Le Rapport préliminaire de M. le professeur à la Faculté de droit de Paris, M. Politis. sur les Effets de la guerre sur les obligations internationales et les contrats privés. (Annuaire de l'Institut de Droit international, tome 23-1910, page 251 et suiv.)

4° La convention de la Haye signée le 18 Octobre 1907 promulguée le 8 Décembre 1910 (Sirey-lois annotées pages 140-1911)

5° La lettre du Foreing Office à M. Oppenhein du 27 Mars 1911. (Revue générale du Droit Intern. Tome 18 1911 page 249 article de M. Politis).

6° La 27° session de l'Institut de droit international qui eut lieu à Madrid en 1911 sur les « effets de la guerre, sur les conventions Internationales » (Annuaire de l'Institut de Droit International Tome 23-1910 page 251 et suiv.)

§ II

La Convention de la Haye de 1889 comportait une annexe intitulée « Règlement concernant les lois et coutumes de la guerre sur terre ».

La section II intitulée « *des hostilités* » comporte un chapitre intitulé « des moyens de nuire à l'ennemi, des sièges, des bombardements ».

L'article 23 est ainsi conçu :

« Outre les prohibitions établies par des conventions spé-
« ciales, il est notamment interdit :

(*a*) d'employer du poison ou des armes empoisonnées.

(*b*) de tuer ou de blesser par trahison des individus apparte-nant à la nation ou à l'armée ennemie.

(*c*) de tuer ou de blesser un ennemi qui ayant mis bas les armes ou n'ayant plus les moyens de se défendre, s'est rendu à discrétion.

(*d*) de déclarer qu'il ne sera pas fait quartier.

(*e*) d'employer des armes, des projectiles ou des matières propres à causer des maux superflus.

(*f*) d'user indûment du pavillon parlementaire, du pavillon national ou des insignes militaires et de l'uniforme de l'ennemi ainsi que des signes distinctifs de la Convention de Genève.

(*g*) De détruire ou de saisir des propriétés ennemies, sauf le cas ou ces destructions seraient impérieusement commandées par les nécessités de la guerre ».

Lors de la revision de ce texte en 1907, le délégué militaire d'Allemagne, le major général de Gründell fit cinq propositions et parmi elles, celle-ci qui devait devenir l'alinéa « h » : *de déclarer « éteintes, suspendues ou non recevables les réclamations « privées des ressortissants de la partie adverse »*. Cette proposition fut expliquée ainsi :

« M. Göppert, délégué adjoint d'Allemagne, explique que « cette proposition tend à ne pas restreindre aux biens corpo- « rels l'inviolabilité de la propriété ennemie et qu'elle vise tout « le domaine des *obligations* en vue de prohiber toutes les « mesures législatives, qui en temps de guerre mettraient le « sujet d'un Etat ennemi dans l'impossibilité de poursuivre « l'exécution d'un contrat devant les tribunaux de la partie « adverse ».

(Procès-verbal, actes et documents de la Conférence, t. III, p. 103).

M. Politis, dans son rapport préliminaire de 1911 au Congrès de Paris, au chapitre des « contrats privés », déclare que la proposition 23 « h » veut dire que la « *guerre ne peut ni par « elle-même ni par la volonté des belligérants, affecter la validité « ou l'exécution des contrats antérieurs »*, op. cit., p. *268*.

La proposition allemande qui, dit-il, reçut « un accueil empressé et unanime » constituait donc une *révolution* vis-à-vis des théories anciennes générales plus particulièrement vis-à-vis des théories françaises, anglaises et américaines.

Or, si nous nous en rapportons à la note de l'éminent savant anglais M. Holland, il faut en rabattre un peu de cet accueil unanime et empressé (*op. cit.,* page 91 et suiv.).

M. Holland raconte ce qui se passa : la proposition du général de Gründell fut faite le 3 juillet à la sous-commission de la deuxième commission chargée des « améliorations à introduire dans la convention de 1899 concernant les lois et coutumes de la guerre sur terre ».

Le 10 septembre, dit M. Holland, la deuxième sous-commission « accepta provisoirement l'alinéa proposé, après insertion sur la proposition du colonel Borel des mots : *en justice*, à la suite des mots : *non recevables*; elle renvoya l'alinéa à son Comité d'examen qui l'approuva ».

« Le 10 juillet, dans sa 2e séance, la sous-commission accepta « provisoirement l'alinéa proposé après insertion, sur la pro- « position du colonel Borel, des mots « en justice » à la suite « des mots « non recevables » elle renvoya l'alinéa à son Comité d'examen qui l'approuva. Le 31 juillet, dans sa 4e séance, la sous-commission adopta l'alinéa au sujet duquel le président dit : « Cette addition précise en termes heureux l'une des conséquences des principes admis en 1899 ». Le rapport fut fait en conséquence le 14 août dans la 2e séance de la deuxième commission qui admit l'amendement allemand *sans discussion*. Le 17 août, dans la 4e séance plénière de la conférence fut présenté le rapport de la deuxième commission sur les amendements à la Convention des lois et coutumes de la guerre sur terre. On lit dans ce rapport : « les amendements proposés procèdent *non du besoin de remanier le règlement de 1899 mais d'y apporter quelques améliorations de détail. Ce ne sont que des retouches qui ne modifient en rien les parties essentielles* de l'œuvre accomplie. « L'alinéa 23 « h » fut provisoirement accepté sans discussion et envoyé au Comité général de rédaction. Le 16 et le 17 octobre, dans la neuvième et dans la dixième séance plénière de la Conférence, M. Renault, en qualité de président de ce Comité, fit un rapport verbal sur ses travaux : le temps ne lui avait pas permis de présenter un rapport écrit.

« Si, dit-il, nous avons parfois modifié les rédactions arrêtées par vous, c'est sans altérer le sens des dispositions qu'elles contiennent. « Au sujet du Règlement, il s'exprimait en ces termes : « Je n'appellerai pas votre attention sur les différentes *modifications de style, sans importance*, que nous y avons introduites ». Il ne fait aucune remarque concernant l'alinéa « h » de l'article 23 ; cependant durant son passage au comité général de rédaction, les mots « droits et actions » avaient été substitués aux mots « réclamations privées » de la rédaction originaire et le mot « nationaux » avait remplacé le mot « ressortissants ».

La Conférence en séance plénière vota alors la quatrième Convention et le Règlement qui y était annexé. Aucune discussion n'avait eu lieu sur le sens qu'il fallait donner à l'alinéa ajouté à l'article 23 du Réglement.

Et M. Holland conclut « aucune discussion n'avait eu lieu « sur le sens qu'il fallait donner à l'alinéa ajouté à l'article 23 « du Règlement ».

La Conférence en assemblée plénière vota alors la 4e Convention et le Règlement qui y était annexé.

Et le Journal Officiel promulguant le texte de la Convention porte : « article 23 « h » il est interdit de déclarer éteints, « suspendus ou non recevables en justice, les droits et actions « des nationaux de la partie adverse ».

Dès le vote, parut un livre Blanc Allemand qui triompha et expliqua clairement les conséquences du texte proposé par ses délégués ; c'était la *révolution du droit interne d'un certain nombre d'États*.

Cette explication du nouvel alinéa provoqua immédiatement chez toutes les puissances contractantes de longues discussions : on s'est demandé ce qu'il voulait dire.

Il serait inutile de rapporter ici toutes les différentes interprétations : toujours est-il que l'explication donnée par le Livre Blanc Allemand, à savoir qu'il modifiait complètement pour tous les Etats la doctrine de la Nullité des contrats antérieurs, souleva des tempêtes en Angleterre et Amérique notamment.

En France M. Politis s'était rangé nettement à la thèse allemande soutenue par le docteur Hans Wehberg de Dusseldorf et dans son rapport de 1911 il paraît la pousser plus loin que le professeur allemand lui-même !

Devant les divergences d'opinion, M. le professeur Oppenhein écrivit au Foreing Office pour lui demander comment il interprétait cet alinéa (il est interdit)

« de déclarer éteints, suspendus ou non recevables en justice, les droits et actions des nationaux de la partie adverse ».

Le Foreing Office répondit par lettre signée de M. Campbell du 27 Mars 1911 (voir l'article de M. Politis op.cit.).

Voici sa théorie « Le Texte est inséré à la fin d'un article « traitant des moyens de nuire interdits aux belligérants. Le « Règlement où figure ces articles est lui-même annexé à la « Convention qui forme l'unique obligation contractuelle des « parties, et l'engagement que les parties contractantes ont « accepté est (art 1er) de donner » à leurs *forces armées de terre* « des instructions qui seront conformes au Règlement con- « cernant les lois et coutumes de la guerre sur terre. « C'est « donc une prescription pour les *armées en campagne* : entendu « largement l'article 23 « h » a pour effet d'interdire *au chef* « *d'une armée en campagne* de chercher à terroriser les habi- « tants du théâtre de la guerre en les privant des occasions « qui existent pour eux d'obtenir la réparation à laquelle ils « ont droit en matière de réclamation privée. »

Le Foreing Office relate les conditions dans lesquelles fut présenté et voté cet article sans explication et déclare que rien à son sens ne permet une interprétation aussi large que celles données par le Livre Blanc Allemand et M. Politis. Il termine en disant :

« Il sera peut-être nécessaire de soumettre à un nouvel « examen toute la question des effets de la guerre sur le com- « merce des particuliers..... Mais la modification de ces « règles est une question que le Gouvernement de S. M. ne « saurait résoudre sans un examen attentif et soigné ».

De son côté M. Holland déclare que l'alinéa « h » placé où il est doit être considéré comme une « *nullité inintelligible* » étant en contradiction violente avec tout le plan du règlement et en particulier avec le plan de l'article où il figure; il demande un tribunal d'arbitrage pour en déterminer le sens et il attend son jugement avec pleine confiance (*op. cit.*, p. 96).

En résumé le Foreing Office et M. Holland demeurent sur leurs positions et maintiennent la vieille théorie anglaise. Le Gouvernement américain se rallia à leur manière de voir. C'est ce que constate philosophiquement le professeur Wehberg (*op. cit.*). :

« En réalité, l'on doit avec MM. Politis et Spaight, s'attendre « simplement à ce que la 3ᵉ conférence de la Haye remette la « question à son ordre du jour. *Aussi longtemps que cela ne* « *se produira pas, le droit national anglais et américain restera* « *en vigueur comme auparavant.* **Par contre, dans une** « **guerre franco-allemande, tout contrat conclu** « **avant ou pendant la guerre devra être considéré** « **comme valable**, attendu que les deux Etats ont ratifié la disposition et que la France a admis l'interprétation allemande. »

L'interprétation de M. Politis engagerait donc tous les commerçants et industriels de France. M. Hans Wehberg ajoute : « Il est à noter que d'après la déclaration officielle « française, le droit formellement existant interdit toutes « relations commerciales entre les sujets de pays belligérants, « *mais il y a lieu de compter que les tribunaux français consi-* « *déreront que le principe encore nominalement en vigueur est* « *tombé en désuétude et n'est plus applicable* ». Constatons en passant que M. Wehberg n'est pas très sûr de l'interprétation qui sera donnée par les Tribunaux français à l'alinéa « h ».

M. Politis de son côté répond dans la Revue du Droit international public (1911, p. 249 et suivantes) au Foreing Office.

D'après lui, les quelques paroles de M. Göppert ne peuvent laisser de doute sur l'intention des délégués allemands de proposer une réforme considérable. (M. Holland, il est vrai, déclare doucement que ces quelques paroles ont pu échapper à l'attention de 81 membres de la sous-commission (*op. cit.* page 95)! Néanmoins M. Politis reconnaît : il est peut-être

regrettable que la « nouvelle disposition ait été placée où elle
« se trouve : étrangère à l'hypothèse de l'invasion ou de
« l'occupation du territoire ennemi, elle n'aurait pas dû figurer
« dans un règlement relatif à la conduite des armées en cam-
« pagne. Il y a là un défaut de méthode certain ». « *Le texte
proposé par l'Allemagne a été ajouté à l'article 23 parce qu'on
ne lui a pas trouvé une place meilleure* » et il ajoute, en se
retranchant derrière Vattel, « *il faut interpréter un acte de
« manière qu'il puisse avoir son effet et que si dans l'espèce
« la forme devait l'emporter sur le fond, l'article 23 « h » se
« trouverait « vain et illusoire* ». Cette réflexion prouve que le
texte ne répond pas à l'interprétation !

Il termine philosophiquement :

« Il est à souhaiter que le dissentiment qui vient de se mani-
« fester conserve, grâce au maintien de la paix une part,
« purement doctrinale, et qu'il fournisse à la 3e Conférence de
« la Haye l'occasion de régler la question des effets de la
« guerre sur les rapports privés ». L'Allemagne répondit par
la guerre de 1914 qui dure encore et n'a pas permis à M. Politis
de faire adopter ses théories sur les effets de la guerre sur les
contrats privés. Mais à l'heure actuelle, sur la proposition des
délégués allemands soutenue et appuyée par lui avec ardeur,
les commerçants français se trouvent devant l'article 23 « h » :
les séquestres, les enquêtes démontrent chaque jour l'emprise
formidable de l'Allemagne sur la France : les contrats qui
existaient entre eux et nous étaient légion et l'on comprend
maintenant la proposition prévoyante du général de Gründell
et l'absence d'insistance de M. Göppert.

Qu'il nous soit permis à nous qui, non prévenus, aurions
peut-être à supporter les conséquences de ce manque d'explica-
tions, de regretter de voir le professeur Wehberg de Dusseldorf
s'appuyer comme il le fait sur le « Jugement si intéressant de
M. le Professeur Politis, de Paris », qui déclare que l'on doit
être reconnaissant à la Délégation allemande d'avoir provoqué
ce progrès !

La question qui se pose aujourd'hui est la suivante :

Etant donné l'article 23 comment doit-on interpréter l'alinéa « h » ?

Dorénavant la guerre, par elle-même ou par la volonté des
belligérants n'affecte-elle plus la validité ou l'exécution des
contrats antérieurs ?

III. — Application de l'article 23 « h »
par les divers États ennemis

Le jour de la déclaration de guerre entre la France, l'Angleterre d'un côté et l'Allemagne de l'autre, les gouvernements et
les commerçants se sont donc trouvés en présence du texte
suivant :

Art. 29. — Il est formellement interdit :
« h » de déclarer éteints, suspendus ou non recevables en jus-
« tice les droits et actions des nationaux de la partie adverse ».

Ce texte faisait l'objet d'une triple interprétation qu'il faut
préciser.

Interprétation Allemande.— Les gouvernements belligérants
ne peuvent prendre aucune mesure législative mettant le sujet
ennemi dans l'impossibilité de poursuivre l'exécution d'un contrat devant les Tribunaux de la partie adverse (M. Göppert).

Interprétation Française. — La guerre ne peut ni par elle-
même ni par la volonté des belligérants, affecter la validité ou
l'exécution des contrats antérieurs (M. Politis).

Interprétation Anglaise. — L'alinéa « h » ne constitue pas
une révolution, comme on le prétend, dans le droit interne
des Etats ; il est simplement une nouvelle prescription au
général commandant les forces de territoires occupés, dans
le but de renforcer l'inviolabilité de la propriété privée
(Foreing Office).

En présence de cette divergence d'opinions, que devait-il se
passer logiquement ?

En France et en Allemagne les citoyens ennemis devaient continuer à vivre comme à l'état de paix, et les Gouvernements ne devaient prendre aucune mesure législative touchant leurs biens et leurs droits.

En Angleterre, le droit anglais devait s'appliquer et se traduire par certaines mesures de précaution : interdiction de commercer avec l'ennemi, suspension de certains contrats, annulation d'autres contrats, etc...

En fait, la France, l'Angleterre et l'Allemagne ont pris identiquement les mêmes mesures. Toutes trois ont considéré que la guerre était un facteur nouveau ayant sur leur situation intérieure une répercussion considérable. Nous relevons chez chacun de ces pays des mesures législatives ayant pour but d'interdire le commerce avec l'ennemi, d'interdire tous paiements à l'ennemi, administration forcée d'entreprises ou liquidation ; séquestres et saisies de marchandises, déclaration de biens, de traités, retrait d'enregistrement, etc. En un mot, les Gouvernements ont considéré que si la propriété ennemie était inviolable et devait être respectée, l'exercice des droits qui y étaient attachés était modifié par l'état de guerre qui imposait aux Pouvoirs publics certaines précautions, et certaines restrictions.

Qu'est-ce à dire, si non que les trois pays ont reconnu simultanément que l'alinéa « h » n'avait pas la haute portée qu'on lui attribuait et aussi que la guerre était la guerre et non la paix.

Comment ! alors que les décrets édictaient pour les Français entre eux, le moratorium des dépôts et des créances, la prorogation des délais, des échéances, la suspension des prescriptions, le moratorium des loyers de mobilisés etc.... seuls les sujets ennemis habitant en France dans les conditions déterminées par les décrets du 2 Août 1914, auraient continué à jouir de la plénitude de leurs droits ! Ils auraient pu réclamer l'exécution de marchés passés au nom de leur pays, correspondre, trafiquer ! C'était un non sens : Car la guerre est la guerre ; les gouvernements se sont tous inclinés devant ce fait, ils ont pris les mesures que commandait la situation : ils ont sagement agi et l'on ne saurait trop rappeler ici le principe posé par le gouvernement français en tête de ces divers décrets de Défense Nationale.

" A raison de l'état de guerre et dans l'intérêt de la Défense Nationale "

Voilà la vérité.

Et ce principe qui est la reconnaissance de l'influence de l'état de guerre sur les peuples, le gouvernement anglais l'a proclamé en disant en tête de ses proclamations " Attendu que l'Etat de guerre existe entre nous. "

Le gouvernement allemand a agi un peu différemment : Le Bundesrat a reçu en raison de la guerre des pouvoirs en matière économique ; en vertu de ces pouvoirs il a pris le premier des mesures exceptionnelles contre les étrangers, les personnes domiciliées en pays ennemi, les entreprises françaises, anglaises etc.....

Nous voilà donc revenus très simplement à reconnaître comme autrefois que la guerre a une influence sur la vie des nations, sur leur législation et qu'elle motive des mesures spéciales et ce, sans toucher au principe du respect de la propriété privée, propriété qui est théoriquement inviolable.

Loin de nous la pensée de critiquer les esprits généreux qui espérant la perpétuité de la paix, ont cherché à rendre la guerre humaine, pacifique et anodine. Quel réveil ils doivent avoir !

En tout cas sur l'interprétation de l'alinéa « h » il ne peut plus y avoir le moindre doute. M. Göppert, lors de sa présentation a énoncé l'idée que poursuivait son pays : les modifications qui furent apportées au texte proposé, la place qui lui fut donnée dans l'art. 23, l'ont réduit à une portée plus modeste ainsi que l'explique le Foreing Office.

J'ajoute que s'il avait dû avoir une conséquence *révolutionnaire* il est certain que l'on aurait, depuis le 2 Octobre 1910, date de la publication de la convention, averti de la portée de ce nouveau texte les commerçants et industriels français : ceux-ci auraient pris leurs dispositions en contractant avec un

étranger ou en revoyant leurs contrats. Pour qu'il ne reste pas
le moindre doute, nous allons mettre en regard le texte h et
les textes pris par les belligérants depuis la guerre.

CONVENTION DE LA HAYE	Textes pris par les BELLIGÉRANTS
Article 23 alinéa h	*Allemagne.* — Déclaration du 7 Août 1914 relative à l'exercice des droits des personnes domiciliées à l'étranger.
Il est formellement interdit " de déclarer éteints, suspendus ou non recevables les droits et actions des nationaux de la partie adverse "	" les instances introduites *demeurent* suspendues. " Aucun paiement ne peut être fait en France et en Angleterre.
	Angleterre. — Proclamations du 9 Septembre 1914, du 8 Oct. 1914, interdisant le commerce avec l'ennemi.
	France. — Décrets du 27 Sept. & 29 sept. 1914, interdisant le commerce avec l'ennemi.

Nous voici bien loin de notre point de départ.

La question qui se posait était de savoir quel était juridiquement l'effet de la guerre sur un contrat passé entre un français et un ennemi ; cette question dépendait de l'application de la lex loci contractus et de la nature du contrat.

Les Allemands à la Haye en 1907, *poursuivant leur préparation internationale de la guerre*, ont donc par un texte dénué de clarté, voulu contraindre les gouvernements contractants à maintenir les situations acquises de leurs nationaux.

Mais cela n'a rien à voir avec la question de droit civil qui est : un contrat avec l'ennemi impossible à exécuter existe-t-il encore en droit ?

S'il n'existe plus, comme nous le prétendons, l'art. 23 h quel que soit son sens est inopérant.

Les Allemands ont voulu éliminer d'avance pour eux les conséquences de la guerre. Voilà la seule chose qui est claire.

En résumé quand on regarde l'alinéa « h » sous le jour de l'interprétation allemande, on voit combien celle-ci est inacceptable, et à la lueur des mesures prises par le gouvernement français, on voit qu'il ne l'a pas acceptée et qu'il s'est maintenu sur le seul terrain solide qu'il y ait encore, celui des droits de la Défense Nationale imposés par l'Etat de guerre : et ce faisant, il a agi comme nos alliés les Anglais qui sont restés fermes sur leur protestation du Foreing Office et appliquent leur théorie avec vigueur.

Nous reproduisons ci-dessous une note rédigée par un homme éminent M. E. B. Hiles Directeur du Royal Exchange, après consultation du célèbre barrister M. Wood Hill :

RAISONS POUR LESQUELLES ON PEUT CONSIDÉRER LES TRAITES AVEC DES COMPAGNIES ALLEMÀNDES COMME ÉTANT ANNULÉS PAR SUITE DE L'ÉTAT DE GUERRE.

M. Wood Hill est d'avis que les Tribunaux Anglais devraient décider :

1° que les traités étaient résolus par suite de la guerre, excepté pour ce qui concerne les sinistres survenus avant la guerre.

2° que ces traités ne se rapportaient pas à des assurances acceptées durant la guerre.

D'aucunes ou toutes parmi les considérations suivantes, seraient présentes à la mémoire des membres du Tribunal :

« Les traités étaient résolus de par la guerre en vertu de l'opération de loi. L'exécution de ceux-ci durant la guerre était soit illégale, soit impossible. Ils étaient soumis à la condition tacite qu'ils ne devaient pas couvrir de sinistres durant la période de guerre entre les pays respectifs des parties en cause. »

En ce qui concerne le traité « Home » il y a (abstraction faite de toute autre considération) cette raison qu'aucune cession effective ne peut se faire sans qu'elle ne soit portée sur le registre. Pour ce motif, le traité peut être terminé automatiquement ou « *tacitement* » en ce qui regarde les nouveaux risques, en cessant de les entrer au registre.

Ces conclusions sont renforcées par les arguments suivants :

Les deux traités constituent en droit des « contrats exécutoires » et sont venus à expirer conformément à la loi générale en même temps que la déclaration de guerre (Sommaire des lois d'Angleterre, édité par Lord Halsbury article « Etranger, ennemi» page 311)

Cette manière de voir est partagée par Lord Lindley dans son jugement, affaire Janson contre Driefontein Mining Company (Chambre des Lords) adapté à des cas commerciaux, rapports du Times. Vol. VII 1901-1902, où il dit :

« La guerre engendre un état de choses qui donne naissance « à des règles spéciales bien connues »

« Il défend tout commerce avec l'ennemi et annule tous « contrats comprenant un commerce de ce genre. » (Voir Esposito v/Bowden 1857, 27 L. J. Q. B. 17 7E et B 763).

Lord Lindeley, plus loin, partage encore cette manière de voir dans le même jugement en citant et approuvant le suivant de Lord Ellenborough dans l'affaire Brandon contre Curling (1803) 4 East 410).

« Donc quand l'assurance porte sur biens en général une « provision à l'effet suivant sera dans tous cas considérée « comme greffée.

« Pourvu que cette assurance ne s'étendra pas à couvrir « aucun sinistre survenant durant l'existence d'hostilités entre « les contrées respectives de l'assuré et de l'assureur parce « que durant l'existence de ces hostilités les sujets de l'un « des pays ne peuvent légalement prêter leur concours pour « protéger par l'assurance, la propriété et le commerce des « sujets de l'autre ».

Si les traités se terminaient *ipso facto* comme suite à l'état de guerre à ou avant minuit du 4 août, ils ne pouvaient être remis en vigueur conformément au paragraphe mitigatoire de la Proclamation, laquelle ne fut pas publiée avant le matin du 5 août.

Les traités ne peuvent de par leur composition même être spécifiquement appliqués par les deux parties en cause. Par exemple les Compagnies allemandes ne peuvent suivre la stipulation insérée dans les traités étrangers par laquelle elle s'engage à payer tout sinistre excédant F 250 endéans les 14 jours qui suivront l'envoi des pièces, ou bien qu'elles feront rapport endéans les 14 jours concernant la correction du compte et qu'elles paieront tout solde dû endéans les 14 jours suivants.

Le R.... E....... ne peut suivre les stipulations l'obligeant à adresser avis endéans les 21 jours de la connaissance du risque, ni les avis de sinistres endéans les 14 jours, ni effectuer le paiement du solde de compte endéans les 14 jours.

Les Compagnies Allemandes ne peuvent satisfaire aux stipulations du traité anglais les obligeant d'aviser le R.... E....... des cessions non régularisées, de payer sur demande les sinistres excédant Fr. 250 et la Cie R.... E....... Assurance ne peut se soumettre à la condition d'envoyer journellement des avis de réassurance, ou des comptes trimestriels, ou de payer les soldes dûs sur ces comptes, ou d'aviser hebdomadairement les sinistres.

21 août 1914   E.-B. Hiles.

Cette consultation s'appuie sur le vieux droit anglais et aussi sur la nature du contrat. Elle constate d'abord avec une précision mathématique que les traités ne peuvent pas matériellement être exécutés pendant la guerre : que les actes d'exécution étant impossibles les contrats qui leur donnent naissance expirent par suite de cette impossibilité. Elle constate ensuite que cette solution est conforme en fait à la volonté des parties qui ne peuvent l'une et l'autre exécuter leur obligation et ne peuvent s'immobiliser dans une attente indéfinie. La force des choses veut que les traités soient résolus par suite de la guerre.

Nous voici loin des théories de la continuation ou de la suspension partielle des traités, et nous nous plaisons à constater que nous soutenons la même théorie que le célèbre barrister anglais M. Wood Hill.

Conclusion

Deux théories s'opposent l'une à l'autre.

La théorie allemande veut, par une interprétation abusive d'un texte peu clair, que tous les marchés avec l'Allemagne demeurent exécutoires nonobstant la guerre. Faut-il se ranger à cette théorie avec M. Politis?

La théorie anglaise maintient le droit interne anglais, et s'oppose à l'extension, non voulue par les hauts signataires contractants, d'un texte peu clair.

Nous nous rallions sans hésiter à la théorie anglaise.

Si les marchés avec l'ennemi étaient demeurés exécutoires malgré la guerre, le décret du 27 septembre n'eût pas été pris. Or, le Gouvernement français a prouvé qu'il savait respecter ses engagements ; on peut donc considérer comme acquis qu'il n'avait pas pris à la Haye les engagements que l'on prétend, *et que nous ne sommes pas liés par l'interprétation personnelle de M. Politis.*

Malgré cela, en raison de ces théories qui troublent et inquiètent, il faut qu'on s'explique : tous les alliés doivent être dans la même situation en présence du même texte ; sans cela il faudrait penser, comme le disait le Dr Hans Wehberg en 1910, qu'en cas de guerre l'alinéa h lierait la France et non l'Angleterre, ce qui est inadmissible, car un texte n'a qu'un sens et non deux.

Les délégués anglais, en 1907, ont vu clair dans le jeu de l'Allemagne, et ils ne se sont pas laissés entraîner par elle dans les théories qui ont mené le Congrès de Droit international public de Christiania en 1912 à déclarer que tous les traités demeurent valables en principe nonobstant la guerre entre les contractants !

Plus la guerre se prolonge, plus le fossé se creuse entre la France et les Austro-Allemands, plus les relations deviennent intimes entre les Alliés, plus les affaires imposent la nécessité de solutionner la question que nous posons.

Sommes-nous obligés de maintenir pendant la guerre nos marchés avec l'ennemi et de continuer nos affaires avec lui en tout ou en partie ?

Ou sommes-nous libres de traiter ailleurs ?

L'extrême prévoyance de l'Allemagne lui a fait en 1907 prévoir la guerre et la possibilité de sa défaite : par cet alinéa « h » elle a cherché à se prémunir contre les conséquences de cette éventualité sur ses affaires.

Grâce à ce texte obscur, l'Allemagne VAINCUE, essaiera de soutenir la validité de ses contrats antérieurs en France, en réclamera l'exécution, et cherchera à conserver ainsi le Marché qu'elle possède dans notre pays, grâce à la clause de la nation la plus favorisée, clause qu'elle espère bien également maintenir suivant les principes nouveaux de Christiania.

Suivrons-nous l'Allemagne sur ce terrain ?

Qui osera le soutenir ?

E. BENOIT DU REY.

Caen, le 6 Avril 1916.

Caen, Imprimerie E. DOMIN, 10, rue de la Monnaie. — Tél. 6-84

www.ingramcontent.com/pod-product-compliance
Ingram Content Group UK Ltd.
Pitfield, Milton Keynes, MK11 3LW, UK
UKHW021709090726
13657UKWH00005B/2141